Couverture inférieure manquante

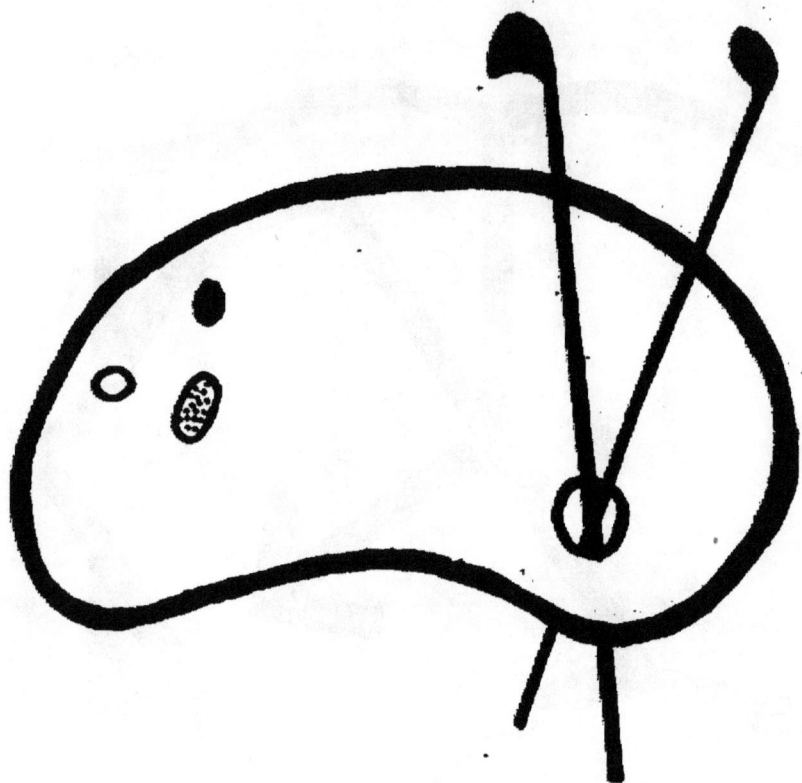

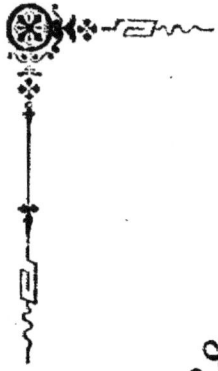

Novembre 1889.

Souvenirs de Provence

Journal d'un Autunois

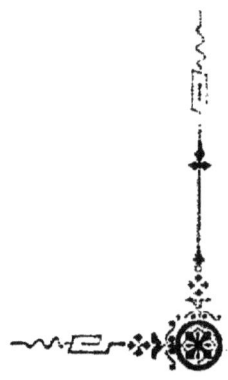

SOUVENIRS

DE PROVENCE

—=✳=—

JOURNAL D'UN AUTUNOIS

Autun. — Imp. Dejussieu

Souvenirs

DE PROVENCE

Journal d'un Autunois

Novembre 1889.

F. Dejussieu

SOUVENIRS

DE PROVENCE

—•—

JOURNAL D'UN AUTUNOIS

—•—

I

LE DÉPART

Quand l'été de la Saint-Martin se fait attendre, qu'une nuée de brouillard enveloppe la ville et distille ses gouttelettes de vapeurs épaisses qui rendent le ciel gris, l'Autunois se surprend à maugréer invinciblement contre une rosée qui, pour être abondante, lui semble plus intempestive encore. Si nous aimons au printemps, si nous désirons pendant l'été la buée bien-

faisante qui donne à la terre sa fécondité, chacun s'en passerait volontiers
en automne. Au moment où les feuilles
tombent, où la nature s'engourdit, la
rosée n'est plus de saison. Si, en
aimable dame, elle avait chance de
se montrer docile à nos reproches,
ce serait le cas de lui dire : Trop tôt
ou trop tard! vous repasserez, la belle!
on vous fera signe quand on aura
besoin de vos services. Mais en
novembre, il faut prendre un parti :
ou vivre avec le brouillard, ou fuir sa
visite et laisser les plus philosophes
baigner dans la rosée. Croyez donc à
l'expérience que je viens de faire ;
quand la pointe de l'hiver vous aiguil-
lonne, prenez les ailes de la vapeur et
demandez au ciel de la Provence les
rayons que le soleil de la Bourgogne
s'obstine à vous refuser.

Le temps des longues pérégrina-

tions est passé, les pèlerinages eux-
mêmes ont cessé d'être de fatigantes
corvées ; les pèlerins de nos jours ont
posé la gourde et le bourdon ; s'ils ont
conservé le manteau, c'est pour se
préserver des fraîcheurs de la nuit,
car ils voyagent en chemin de fer.

La plupart des gens que la piété
conduit aux sanctuaires renommés ou
restés populaires, ne connaissent plus
la coquille Saint-Jacques qui, pendant
des siècles, offrit à nos grands-pères
un aliment pour tromper leur faim,
lorsqu'ils arrivaient en vue de la basilique de Compostelle. Mais sur la fin
du dix-neuvième siècle, la vapeur se
montre docile à la détente ; il suffit
actuellement de se confier une dou-
zaine d'heures au railway du P.-L.-M.,
pour qu'en échange d'un ticket, il
vous saisisse à Autun à la tombée de
la nuit et vous dépose à Marseille au

lever de l'aurore. Encore la compagnie a-t-elle eu soin de tout mettre en œuvre pour éviter au voyageur les fatigues de la route : wagons-lits, lits-salons et autres, l'émigrant n'a qu'à choisir parmi les fauteuils ambulants qui dévorent l'espace. Puis sur les bords de la Méditerranée, quel réveil enchanteur !

Tel est, ami lecteur, le commencement d'un songe qui m'a captivé l'une de ces dernières semaines.

Entraîné jusqu'à Marseille par un jeune sous-lieutenant parti pour faire ses premières armes dans notre armée d'Afrique, peut-on résister aux instances de l'amitié ? J'ai succombé, je l'avoue sans détour, et à cette heure, le repentir ne m'a pas encore saisi.

Ainsi donc, nous partions gaiement les derniers jours d'octobre, mon

lieutenant à destination du continent africain, moi comme compagnon de route jusqu'aux limites de
la terre ferme; le jeune cavalier
franchissant la mer épris des escadrons
arabes et rêvant des coursiers numi-
des; moi plus séduit par les attraits
du continent gaulois, plus ami de ce
qu'on nomme entre soi le plancher
des vaches. C'est dans ces conditions
que nous débarquions à Marseille le
1er novembre.

II

MARSEILLE

Aimez-vous les nouveautés origi-
nales?Peut-il vous plaire de vous trouver tout d'un coup transporté sur la
Cannebière en face du port marchand le
plus mouvementé de la Méditerranée?
Rien de plus simple : arrivez à Marseille au milieu de la nuit, gagnez de
suite l'hôtel et dormez de bon cœur.
En vous amenant, l'omnibus a pris
soin de vous bercer sur ses banquet-
tes ; sans supplément de prix et
comme pour fêter votre bienvenue, la
lourde voiture a sonné à vos oreilles
le cliquetis le plus strident que puisse
rendre ses vitres répercutant le trot
saccadé des chevaux; car les chevaux

trottent à Marseille, c'est la première surprise que vous ménage la reine du Midi.

Au réveil, — et pour tirer même un sourd des bras de Morphée, — laissez-moi lui dire en passant qu'il est inutile de s'inscrire sur le registre du veilleur. Dès l'aube, la pendule de ma chambre martelait son timbre avec frénésie, ses coups redoublés m'ont fait craindre un instant qu'il ne vole en éclats. Réveillé en sursaut par ce bruit insolite dans une chambre d'hôtel, je cours à la cheminée, mais... je reste ébahi : le chronomètre promenait tranquillement ses deux aiguilles autour de son cadran, avec la sage lenteur d'un pas qui mesure la course du soleil. Souvent j'ai rencontré sur les cheminées d'hôtel un motif de décoration en fac-similé de pendule, dont les « broches » tour-

naient lorsque les enfants s'amusaient
à les pousser du doigt. Mais là un
ressort d'acier fin animait le balancier
et soulevait le marteau, répétant les
coups réglementaires chaque fois que
les horloges publiques en donnaient
le signal. — C'était la seconde surprise que Marseille réservait à deux
Bourguignons étonnés de trouver plus
fort que la famille Jacquemard son-
nant les heures aux Dijonnais, du haut
de la tour de Notre-Dame.

Il est vrai que les coucous de Provence ont toujours avancé même sur
ceux de Gascogne ; pour peu qu'ils
progressent encore, il ne faut plus
désespérer de les voir, en trente minutes, mettre l'heure à bas.

Au réveil, dis-je, la troisième ville
de France s'étale sous vos yeux. Bâtie
en amphithéâtre, Marseille descend

la pente des montagnes arides qui la
bordent de trois côtés. Leur sommet
apparaît comme un mur d'enceinte
qui ferme l'horizon; les anfractuosités
montrent bien quelques pins rabougris
qui poussent misérablement, mais
malgré leur chétive venue on peut
dire le versant de ces hauteurs à peu
près dénudé. La Méditerranée forme
l'autre limite; deux promontoirs, le
cap Couronne à l'ouest, le cap Croi-
sette à l'est, resserrent le golfe dont
les eaux alimentent les bassins du port.

Avant de nous mettre en route,
parcourons rapidement les annales de
Marseille et rappelons-nous ce que
fut, dans le passé, l'antique Phocée
qui nous donne l'hospitalité. Il est
toujours bon de se remémorer les
ancêtres de son hôte, avant de visiter
son parc et son château.

A Marseille, le climat est des plus
tempérés; la chaleur moyenne de
l'année s'élève à 14°,36, soit 4°,28 de
plus qu'à Paris et 3° seulement de
moins qu'à Rome. « Cependant, dit
un auteur local, quand souffle le
mistral (vent du nord-ouest) qui, avec
la Durance et le Parlement, fit jadis
le trio des fléaux de Provence, la
température subit de brusques varia-
tions, et souvent un froid intense
remplace presque à la minute, une
température printanière. L'été, pendant les journées caniculaires, la chaleur devient accablante et le thermo-
mètre atteint des hauteurs sénéga-
liennes; mais la brise de mer vient
heureusement corriger cette dange-
reuse similitude et rafraichir l'atmosphère. »

Marseille présente cette singularité d'être la plus grande commune de France. Jusqu'ici elle a pu échapper au régime des arrondissements qui a sectionné Paris et Lyon en communes juxtaposées. Plusieurs fois il fut question de la démembrer aussi, mais l'attachement de la population à ses franchises et à ses coutumes l'a préservée et a maintenu l'agglomération en un seul groupe. La ville compte aujourd'hui 376,143 habitants, sur lesquels les étrangers figurent pour 35,000 environ.

L'histoire de Marseille remonte jusqu'à la légende de Protis ; sa fondation par les Phocéens date de l'an 154 de Rome, soit 599 ans avant Jésus-Christ. Elle fut assiégée et prise par César qui lui laissa son autonomie et ses franchises; le conquérant romain traita de même nos grands-pères éduens, et cette politique assura les résultats de sa conquête.

Le christianisme pénètre à Marseille sous Maximilien Hercule; le martyre de saint Victor signale dans la vieille Phocée le règne de cet empereur.

La peste en 586 et en 588, plus tard l'invasion sarrasine, désolèrent la ville; comme beaucoup d'anciennes cités elle eut à subir des péripéties diverses et ses annales particulières se séparent difficilement de l'histoire de France. Citons cependant le siège de 1524 que Marseille soutint contre les partisans de Charles-Quint. Le 24 septembre de la même année, dans un assaut donné par l'ennemi, les femmes marseillaises se couvrirent de gloire en combattant à la « tranchée des dames », avec un courage digne des plus valeureux soldats. Actuellement un boulevard occupe l'emplacement de la tranchée légendaire, il porte le nom de boulevard des Dames, en souvenir de cet épisode guerrier.

Pendant la minorité de Louis XIV, de vieilles discordes se ranimèrent, elles provoquèrent des troubles dans la ville. Pour l'en punir, Louis XIV vint en personne à Marseille, fit son entrée par une brèche pratiquée au rempart et donna l'ordre à Vauban de démolir les forts Saint-Nicolas et Saint-Jean.

En 1720, la peste amenée par le vaisseau *le Grand-Saint-Antoine*, exerça de nouveaux ravages. Sur 90,000 habitants, 50,000 tombèrent victimes du fléau. C'est à cette époque douloureuse que l'évêque, Mgr de Belzunce, le chevalier Rose, le marquis de Pilles, les échevins Estelle, Moustier, Dieudé

et Audimar s'immortalisèrent par leur
dévouement.

Après vingt-quatre siècles de bou-
leversements sans nombre, Marseille
n'a presque rien conservé pour attester
son passé; l'abbaye de Saint-Victor
est le seul monument qui ait échappé
aux vicissitudes du temps. En vingt
années, l'antique Phocée a été moder-
nisée et transformée de fond en comble. Aujourd'hui, comme toutes les
grandes villes, Marseille possède un
hôtel de ville, une préfecture, un
château d'eau, des palais, des promenades publiques, de grandes voies de
communication, dans le goût moderne,
empruntés pour la plupart aux idées
qui ont présidé à l'embellissement de
Paris.

Quelques rues cependant montrent
encore ce que fut le vieux Marseille.

Ces voies étroites, bordées de maisons
assez hautes, mais aux étages surbais-
sés et sombres, manquaient d'air et
de soleil. Des galets de rivière en
pavaient la chaussée ; les jours d'orage,
deux ruisseaux trouvaient un lit de
pierre de taille, légèrement creusé
pour conduire les eaux de ces torrents
minuscules et, de part et d'autre,
préserver les étages inférieurs de
l'inondation. Cette précaution n'était
pas inutile, car les rues du temps jadis
grimpaient les collines sans se préoc-
cuper de la pente ; ce n'est que de nos
jours que les voyers entament les
hauteurs ou élèvent des terre-pleins.
Il est à croire aussi que la pluie était
l'unique balai qui promenait sur son
passage les détritus accumulés devant
chaque maison, jusqu'à ce qu'un orage
lui donnât la force suffisante de tout
entraîner dans le réceptacle naturel

qui se nomme le port. Une population très dense habitait ces maisons et, récemment encore, Marseille n'avait que de l'eau de citerne pour subvenir aux usages domestiques. Ces détails suffisent pour expliquer la présence perpétuelle des épidémies et les terribles ravages de la peste dont l'histoire a conservé le pénible souvenir.

III

LE PORT

Des Bretons, des Normands, voire même des Gascons blasés par les falaises qui limitent l'Océan, commenceraient par les boulevards la visite de Marseille ; mais pour des montagnards bourguignons, la Méditerranée, voilà le principal attrait !

Au risque de nous étrangler, nous engloutissons notre café d'un seul trait ; en trois enjambées nous sommes sur le port et, avec une frénésie toute morvandelle, ... us arpentons le quai.

Le vieux port, berceau de Marseille et de sa fortune, est placé dans une situation naturelle qui en fait le bassin

2

le mieux abrité de la Méditerranée. Il mesure 900 mètres de longueur sur 300 de largeur; il est bordé de part et d'autre par plus de trois mille mètres de quai. Le canal de la Rive-Neuve et celui de la Douane lui servent d'annexes : ce sont de véritables petits ports pour les bateaux de cabotage. Le fort Saint-Jean à droite, ancien château des chevaliers de Malte, le fort Saint-Nicolas à gauche, sous les murs de la vieille abbaye de Saint-Victor, commandent l'entrée ; 800 navires y trouvent facilement un abri. A l'exception de quelques petits vapeurs de service des côtes, il est plus spécialement affecté au mouillage des navires à voiles.

A ce port devenu insuffisant, a été joint, en 1853, le bassin de la Joliette formé par une jetée artificielle de onze cents mètres et deux jetées transversales de 400 mètres, renfermant une surface d'eau de près de 23 hectares. Mais le nombre des grands vapeurs s'est si rapidement accru qu'il a fallu ouvrir de nouveaux bassins. C'est ainsi que le bassin des Docks, ceux du Lazaret et d'Arenc, la Gare maritime, véritable aboutissement du chemin de fer P.-L.-M., trait d'union entre Paris et la Méditerranée, le bassin National et le bassin de radoub, sont venus successivement se souder les uns aux autres. La surface des ports de Marseille qui, en 1850, mesurait 28 hectares, se trouve portée aujourd'hui à 175 hectares, bordés par environ 13,000 mètres de quais affectés à l'embarquement et au débarquement des marchandises.

IV

LA CANNEBIÈRE ET LA BOURSE

Cependant il nous faut pénétrer dans la citadelle de la place ; après le port, la Cannebière nous appelle, car si le cours Belzunce est, dit-on, le cœur de Marseille, la Cannebière est à coup sûr l'âme de la ville. C'est le centre du commerce, quelque chose comme le forum des villes romaines, la place marquée pour la vente des productions du pays ou des importations exotiques.

La Cannebière tire son nom des corderies de chanvre, en provençal *cannèbe*, sur lesquelles elle fut ouverte ; c'est certainement la plus belle rue de

Marseille. Elle est située au centre de la ville, commence au vieux port et se prolonge par la rue de Noailles et les allées de Meilhan jusqu'à la place des Réformés. Ces trois artères ont le même axe et ne forment qu'une même voie mettant en communication directe le haut de la ville et les quais. On y remarque la beauté des maisons, la richesse des magasins et l'animation qui règne à toutes les heures de la journée; gens de négoce et promeneurs s'y coudoient incessamment.

Les allées de Meilhan sont plantées de platanes dont la végétation exubérante abrite sous son ombre le marché aux fleurs; elles absorbent l'activité commerciale du matin. Dans l'après-midi, la Cannebière reprend ses droits, au moment où s'ouvrent les grilles de la Bourse. Les transactions commencent et se prolongent

jusqu'à la nuit; acheteurs, courtiers
et vendeurs refluent souvent jusque
dans les cafés du voisinage. Telle
opération qui s'est commencée sous
les colonnes de la Bourse se termine
fréquemment sur les tables de marbre
de la Maison-Dorée ou d'autres esta-
minets qui, pour avoir une enseigne
moins pompeuse, ne le cèdent en rien
par le luxe de leur aménagement et
de leur confortable.

Jusqu'en 1843, les négociants et les
agents de change se réunissaient au
rez-de-chaussée de l'hôtel de ville,
mais l'affluence gênait visiblement
les services municipaux. En 1852,
la chambre de commerce entreprit
la construction du palais actuel de la
Bourse. Le monument renferme la
chambre et le tribunal de commerce,
le greffe, le syndicat des agents de
change et celui des courtiers inscrits,

des salles d'enchères et la salle même du marché. Cette dernière pièce est la plus remarquable de l'édifice, sa surface mesure 1,120 mètres carrés.

Au rez-de-chaussée, la façade principale est percée de grandes arcades qui donnent accès dans le vestibule. Au premier étage et au centre de l'avant-corps, règne une colonnade d'ordre corinthien couronnée d'une attique : au fronton apparaissent les armes de Marseille soutenues par les statues de l'Océan et de la Méditerranée. En arrière de l'avant-corps, les petites façades en retrait portent deux bas-reliefs représentant le Génie de la navigation et le Génie du commerce et de l'industrie ; au dessus, un étage plus haut, deux niches symétriques renferment les statues de Pythéas et d'Euthyménès.

Le vestibule intérieur est orné d'un

grand bas-relief : « Marseille recevant les produits des peuples venus dans ses ports de tous les points du globe ; » deux statues figurent la France et la Ville de Marseille. En face de l'horloge se trouvait un marbre du sculpteur Ottin, représentant en pied l'empereur Napoléon III sous le règne de qui le monument fut construit. Au 4 septembre, on a brisé cette œuvre d'art remarquable par la beauté de son exécution ; les émeutiers décapitèrent la statue et promenèrent la tête dans la rue Saint-Ferréol. Les auteurs de cette exécution sommaire ont cru sans doute accomplir un prodige, mais leur promenade, quelque bruyante qu'elle fût, n'a pas escorté d'autre triomphe que celui du vandalisme et de la brutalité.

La gouaillerie universelle s'est exercée au sujet de la Cannebière, mais quand on a foulé un quart d'heure l'asphalte de ses trottoirs, on convient sans peine que les traits malins lancés par la jalousie se sont émoussés en route et arrivent sans force pour frapper au but. De sa plume d'or, Méry a tracé la vraie physionomie de ce quartier de Marseille, de beaucoup le plus animé : « C'est, dit-il, une rue bornée par l'infini, dans une atmosphère lumineuse où l'azur joue avec le soleil ; c'est un immense Claude Lorrain qui s'est peint tout seul et s'est exposé au bord de la mer, car tous les musées du monde seraient trop étroits pour lui. »

Le poète marseillais a raison : la Cannebière commence où finit le vieux port, c'est dire que d'un côté elle est bornée par la mer et l'infini; de l'autre, elle gravit une pente douce et monte insensiblement jusqu'à la plateforme où trône l'église nouvellement dédiée à saint Vincent de Paul.

Tout, sur le parcours de cette rue spacieuse, contribue à la faire valoir et à la décorer; le plan incliné lui-même, la terreur des voyers, qui défigure les boulevards les plus étudiés des autres villes, se plait à fournir à la grande rue de Marseille un aspect neuf et tout original. Et en effet, à mesure qu'on gravit la pente le mouvement augmente sous vos yeux, et plus il augmente, plus le regard s'élève pour le contempler. Arrivé au sommet, le touriste se trouve en face d'une fourmilière qui circule pour ainsi dire à ses pieds; s'il lève la tête et cherche l'aboutissant de cette rue qui marche : la forêt des mâts entrecroisés des voiliers réunit l'azur du ciel à l'azur de l'eau.

Beaucoup de villes offrent-elles un pareil spectacle? Bornons-nous à caresser dans notre souvenir la splendeur du tableau, demandons à notre imagination de le faire revivre, et laissons aux amateurs de rapprochements le soin de se prononcer.

Les étrangers de toutes nationalités qui affluent à Marseille donnent à la foule une physionomie cosmopolite des plus curieuses. Il est rare de rencontrer pareille agglomération ; aux costumes chamarrés des Orientaux, Turcs, Grecs, Arabes, aux nègres, aux Italiens, aux Espagnols, aux Indiens, aux Chinois, viennent encore se mêler les nombreux uniformes de l'armée française, car arrivants et partants se coudoient dans un chassé-croisé sans fin.

Mais au milieu de la cohue, entre mille, on reconnait le Marseillais. Le port et la Cannebière lui sont favoris, ce sont là ses éléments, c'est là qu'il doit vivre, et vous menacez son existence si vous essayez de le transplanter. Le Provençal n'a pas la haute stature des gens du Nord; à défaut de cet avantage, sa carrure d'épaules et son exubérance suffisent à révéler sa force physique. Ses yeux noirs scintillent avec une vivacité telle que vous prêtez instinctivement l'oreille pour percevoir les crépitements de la foudre qui doit gronder sous son couvre-chef. Les femmes seules s'arrêtent aux bagatelles qui conviennent à la faiblesse de leur sexe, le Marseillais lui se montre toujours affairé. De type proprement dit, il n'y en a pas; un bizarre assemblage tient lieu de marques distinctives, il fait regretter que

le hasard ait travaillé pour ainsi dire
en aveugle, car aux cheveux noirs,
aux yeux vifs et perçants, il n'a su
associer qu'une vulgarité sans nom
soigneusement triée pour constituer
l'apanage spécifique du Marseillais.
Cependant si l'enveloppe est commune, l'esprit semble toujours en
mouvement ; un rien le chatouille, à
la moindre pique il s'emporte dans
les accents d'une colère aussi prompte
à s'éteindre qu'elle a plus vivement
atteint son paroxysme. Selon une
expression pittoresque, c'est « un
paquet de poudre près du feu ! » Mais
au demeurant, le Marseillais sait être
bon enfant avec les gens qui respec-
tent son enthousiasme ; sa pétulance
n'est généralement que l'expression
enjouée de son aménité naturelle. Il
aime ses dadas, il adore ses toquades ;
pliez-vous tant soit peu à sa manière

de dire, écoutez ses histoires, et vous serez vite bons amis. Il a tant de choses à raconter !

En voici quelques spécimens.

On connaît la rivalité légendaire entre Marseille et Bordeaux; elle n'est pas près de s'éteindre.

Au restaurant, un étranger solennel s'installe en face de nous, à l'autre extrémité de la salle. A peine se trouve-t-il en présence des hors-d'œuvres que, d'une voix qui fait trembler les vitres, il s'enquiert des heures de départ sur la ligne du Midi et se fait servir une bouteille de saint-émilion.

— Apparemment, ce doit être un Bordelais, me dit un brave Marseillais qui jusque-là déjeunait en silence à mon côté. Ils sont tous les mêmes ces Bordelais; quand ils viennent à Mar-

seille, ils font les arrogants sous pré-
texte qu'ils ont aussi un « pouort » !
Cap de Dious! Mais qu'est-ce que
c'est donc que leur petit Bordeaux?
ça danserait le quadrille sur le quai
de la Joliette!

Différemment, vous, Messieurs,
vous êtes de la Bourgogne, puisque
vous avez pris le rapide à Mâcon et
que vous buvez du fleurie?

— Oui, Monsieur, nous sommes
Bourguignons de cœur et d'origine.

— Parlez-moi donc au moins du vin
de votre pays! Voilà qui s'appelle du
bon vin et surtout du vin gai! Mais
leur saint-émilion, c'est épais; toutes
les fois que j'en goûte seulement un
dé, la tête me tourne, je deviens lourd
et tout de suite, mon bon, j'ai envie
de pleurer.

— Alors, vous réservez le bordeaux
pour les jours de convoi funèbre?

— Indubitablement! vous l'avez deviné, mon bon! Il me rend triste leur bordeaux. Vive le bourgogne! différemment il est un vin gai! il fait chanter!

Devant un témoignage si flatteur, des Bourguignons ne pouvaient moins faire que d'offrir une rasade au joyeux Marseillais. Tandis que nous trinquions en l'honneur de la Bourgogne, à la prospérité de Marseille, notre partenaire riait sous cape ; entre deux gorgées il goguenardait à mi-voix et se mirait dans son verre, mais chaque fois qu'il y trempait les lèvres, il décochait une flèche à la confusion des Bordelais.

Ne voulant pas rester en retard de politesse, notre voisin insiste pour offrir le café. Nous cédions à ses instances, lorsqu'un monsieur, la mous-

tache en crocs, apparaît sur le seuil
de la porte. Empalé comme un auto-
mate à ressorts, il interroge la salle
d'un œil clignotant sous son lorgnon.

— Té! mon vieil ami Moustassou,
un ancien capitaine de tringlots! Que
je l'invite aussi puisque nous le ren-
controns; n'est-ce pas, Messieurs de la
Bourgogne?

Té! par ici, Ferréol! Oblique un
peu à gauche, mon bon, toi qui con-
nais la manœuvre!

Après les présentations d'usage, la
conversation s'engage sur les uniformes d'aujourd'hui et sur ceux d'autrefois.

—Différemment, dit le capitaine, de
mon temps la vie était gaie au régi-
ment; nous n'avions qu'un seul cau-
chemar.

— Le colonel, sans doute?

— Non, vous n'y êtes pas; le colonel, il était un brave homme. Vous ne devinez pas? Té, mon bon! c'était ce maudit tailleur! Cap de Dious! il réclamait toujours sa note, comme si ce n'était pas le crédit qui faisait vivre le commerce!

Et comme j'émettais un doute sur sa manière de voir :

— Apparemment, mon bon, c'est comme ça. Quand ce maudit tailleur réclamait trop fort, eh bien! on lui commandait un complettout neuf pour le faire patienter. Différemment, pendant qu'il le confectionnait, au moins l'on était tranquille, et, cap de Dious! son commerce, il marchait toujours, mon bon!

Je voulus insinuer que telle n'est pas la manière générale d'entendre le commerce à crédit; que la vente à terme a pour base l'émission d'un mandat de paiement ou la souscription d'un billet à ordre qui permet à l'acheteur de bénéficier de plusieurs mois pour payer, et offre au vendeur la facilité de se procurer le numéraire, en escomptant le billet à un tiers chargé par là même du recouvrement.

— Vaï, quelle histoire ! s'écrie le capitaine ; toutes ces formalités, c'est bon pour le civil, mais dans l'armée ce n'est pas ça. Différemment, un de mes amis plus malin que les autres a bien trouvé moyen de ne jamais rien donner, pas même un acompte, à cette pieuvre de tailleur. Ce ne l'a pas empêché de suivre sa carrière et même de devenir général; et le tailleur, il l'habillait toujours pour ne pas perdre sa pratique. Té, mon bon ! vous voyez bien que j'ai raison : c'est le crédit qui fait marcher le commerce !

J'étais battu, le capitaine riait aux éclats, et le vieux brave encouragé par son succès allait entamer le récit détaillé de ses campagnes, quand la voiture vint nous prendre pour nos courses de l'après-midi. Nous nous séparâmes avec les témoignages de la plus franche cordialité, mais depuis j'ai regretté plus d'une fois que la nécessité m'ait privé d'entendre Mousiassou raconter ses faits de guerre et ses combats. A la façon dont Ferréol faisait rendre gorge à son tailleur, nul doute que ses exploits n'eussent fourni à un poète tant soit peu gascon le sujet d'une nouvelle *Iliade*.

Encore un trait qui mérite d'être raconté.

Tout est original dans ce Marseille, au point de faire pâlir les réputations les mieux établies. La mignardise italienne a suggéré aux mendiantes de Rome l'idée de prendre sur leurs bras leurs enfants en bas âge, afin de pouvoir implorer la charité des passants au nom *del santo Bambino*. Les Marseillaises sont plus ingénieuses et plus spirituelles aussi.

Pendant que abrités sous la marquise d'un café nous regardons la foule cosmopolite s'entre-croiser sur la Cannebière, une fillette d'une dizaine d'années tend la main dans notre voisinage. Sans égard pour son jeune âge, plusieurs personnes détournent la tête ou la repoussent brutalement. L'enfant ne se déferre pas. Voyant que je considérais avec complaisance les tresses soyeuses de ses cheveux, elle lance de notre côté un éclair sorti de ses yeux noirs ; notre mine lui dit sans doute que nous sommes moins impitoyables, et les uniformes de nos jeunes officiers lui rendent la confiance. D'un bond elle se campe

devant notre table et, d'une voix moitié dolente, moitié pateline : « Un
petit sou, mon lieutenant, dit-elle, ça
vous portera bonheur en mariage. »

Un bruyant éclat de rire répond
aux paroles de l'enfant et gagne les
tables voisines. J'ignore quelles étaient
les velléités matrimoniales de mes
compagnons, mais tandis que je ver-
sais mon obole, les gros sous pleu-
vaient dru comme grêle dans la main
de la petite mendiante. Et l'enfant,
avec un gracieux sourire, envoyait
des baisers en disant merci.

V

LA CORNICHE ET LE PRADO

Après avoir circulé des heures entières sous le soleil du Midi, on serait heureux de s'abriter un peu, sinon pour ménager son teint au moins pour résister à l'apoplexie. Mais voici le Prado qui répond à nos souhaits.

L'aspect de cette promenade fait rêver de l'Espagne. Comme les allées du même nom, si fréquentées du grand monde à Madrid, le Prado de Marseille est bordé par trois superbes rangées de platanes touffus. Etêtés environ à trois mètres du sol, et bifurqués à dessein afin de couvrir

de leurs branches le chemin des
piétons, ces arbres ménagent aux
promeneurs une ombre bienfaisante
qui tempère les rayons du soleil
pendant les chaleurs de l'été. Il commence à la place Castellane et se
développe sur une longueur de quatre
kilomètres. A mi-chemin, on rencontre un vaste rond-point d'où la
voie se dirige à angle droit jusqu'à la
plage, où une large place la termine
en rotonde, à quelques mètres de la
mer.

Sur cette partie du Prado s'ouvre
l'avenue du château Borély dont le
parc est le bois de Boulogne de Marseille. En 1856, le château et ses
dépendances furent cédés à la ville
par M. Talabot en échange des docks
de la Joliette ; on en a fait un agréable
jardin public, sa situation au bord de la
mer lui donne un attrait tout particulier.

Le château construit sur la fin du dix-huitième siècle regarde le Prado ; sa façade principale est précédée d'une terrasse, au pied un grand bassin alimenté par une fontaine monumentale qui représente Marseille assise sur la proue d'un navire, entre la mer Rouge et la Méditerranée. Les salles du château renferment le musée des Antiques qui a pris place parmi les galeries archéologiques de France.

On comprend sans peine que le Prado et le parc Borély soient les promenades préférées des Marseillais ; le Prado est pour eux ce que les Champs - Elysées sont pour Paris, avec cette différence que les somptueux hôtels qui bordent l'avenue de la capitale sont remplacés par des villas grandioses entourées de jardins anglais d'un bel effet.

Sur la plage, au rond-point qui termine le Prado, commence la Corniche. Elle contourne le bord de la mer, en suit minutieusement les sinuosités jusqu'à l'anse des Catalans ; c'est une véritable terrasse taillée à pic le long de la berge, qui se déroule sur six kilomètres environ.

En 1848, M. de Montricher commença l'ouverture du chemin de la Corniche ; il employa à ce travail les inutiles Ateliers nationaux, et quinze ans plus tard, en 1863, la promenade entièrement conquise sur le rocher fut ouverte à la circulation. Rien de pittoresque comme cette route qui serpente entre la montagne et la mer ; rien de gracieux comme l'aspect des villas, des bastides, des cabanons, des restaurants, qui s'accrochent aux moindres aspérités du terrain, semblables à des nids ombragés par quelques pins rabougris perdus au milieu des palmiers, des aloès et des autres plantes africaines.

VI

LES MONUMENTS

L'air vif de la mer, voilà sans con-
tredit le meilleur stimulant que
puisse prendre un touriste à son
lever; il dilate les poumons et dégage
la tête tout en égayant le cœur.
Munissons-nous du cordial et com-
mençons l'inspection des monuments.
L'œil frais, le pied agile, courons
Marseille en tous sens. Etudions son
goût pour les beaux-arts, dans l'épa-
nouissement de ses hôtels et de ses
palais, car des Bourguignons oublient
difficilement que les arts sont des
bienfaits des dieux, qui doivent parler
à son âme le langage du beau et

charmer son esprit par la splendeur
du vrai.

Avant 1855, l'hôtel de ville était le
seul monument que Marseille pouvait
offrir à la curiosité de ses visiteurs. Il
date de 1655; on l'attribua au sculpteur marseillais Pierre Puget, que
Louis XIV appelait « l'inimitable »,
mais il est dû réellement à un architecte italien dont le nom ne nous est
point parvenu.

La façade comprend un principal
corps de bâtiment et deux pavillons
terminés par un entablement trian-
gulaire grec. Avant la Révolution, le
portail présentait les armes de France
supportées par deux anges enfants; ce
groupe périt sous le marteau des
démolisseurs de la Convention, les
vestiges qui subsistent en attestent
encore la beauté. Le buste qui décore

la façade est l'œuvre du sculpteur
Maurel, les bas-reliefs ont été exécutés
en 1718, en même temps que divers
travaux demeurés depuis lors ina-
chevés.

La préfecture a de grandes proportions. C'est une vaste construction
quadrangulaire dont la façade principale, remaniée contre le gré de l'architecte, n'est pas des plus heureuses;
mais la cour d'honneur et les façades
latérales témoignent en faveur du
projet primitif. La décoration des
appartements d'apparat est remarquable et digne d'une grande cité.

Le palais de Longchamp sert de
château-d'eau à la ville de Marseille.
Cet édifice, véritable merveille de
l'architecture contemporaine, comprend un pavillon central relié par

une colonnade demi-circulaire aux
pavillons latéraux; deux ailes symétriques qui renferment les musées,
terminent le monument de chaque
côté.

A 20 mètres au dessous, un grand
bassin circulaire reçoit les eaux de la
cascade ; deux pentes douces con-
tournent le bassin à droite et à gauche
et conduisent de l'entrée à l'hémy-
cycle qui compose l'étage supé-
rieur.

« Le palais de Longchamp, dit
l'auteur de *Marseille-Guide* s'élève
majestueusement sur une éminence
naturelle et présente au visiteur
émerveillé la pureté de ses lignes et
l'harmonie de sa composition qui se
détachent sur l'azur du ciel, pendant
que des cascades d'argent viennent
baigner ses pieds et se répandre en
nappes limpides dans les jardins qui

l'environnent. Ce monument, dont Marseille est justement fière, a été la protestation énergique d'une population éminemment artistique que la prud'hommie française et surtout la gouaillerie parisienne accusaient d'être systématiquement étrangère aux beaux-arts. »

« Depuis l'ouverture de la promenade de Longchamp, poursuit M. V. Grand, la municipalité réservait cet emplacement pour édifier un monument où les eaux de la Durance feraient une s... e d'entrée triomphale et perpétuelle à Marseille. Plusieurs projets avaient été soumis, mais les administrateurs locaux qui avaient pu apprécier M. H. Espérandieu dans les travaux accomplis sous leurs yeux, décidèrent que ce serait ce jeune et déjà célèbre architecte qui serait chargé d'ériger ce monument. Une

position unique au monde, de l'eau,
de l'air, de la verdure, des fleurs, de
la lumière et des millions, voilà quels
collaborateurs la ville offrait à l'artiste
pour déployer son talent. M. Espérandieu ne trompa point l'espoir de
Marseille, il lui a donné un chef-
d'œuvre qui fait l'admiration de
tous. »

L'aile nord renferme le musée des
beaux-arts, l'aile sud, le musée
d'histoire naturelle. Les frises et le
groupe principal du château-d'eau :
*la Durance apportant à Marseille
l'abondance et la fécondité*, sont l'œuvre
du sculpteur Cavelier, membre de
l'Institut. M. Barye, le célèbre anima-
lier, a donné la vie aux fauves de
pierre qui gardent l'entrée du jardin ;
MM. Lequesne et Gilbert ont taillé
les tritons, les figures placées sur les
colonnes, les griffons et les quatre

4

Termes qui supportent la corniche circulaire. Enfin les peintures de l'escalier du musée sont dues au pinceau d'un artiste bourguignon, M. Puvis de Chavannes.

Le palais fut inauguré le 14 août 1869, en présence des autorités et d'une foule enthousiaste ; mais, hélas ! cinq ans après, l'architecte succombait sous les étreintes d'une cruelle maladie. M. Espérandieu avait quarante-quatre ans quand son talent s'éteignit en pleine sève ; il avait reçu comme récompense la croix de la Légion d'honneur.

La captation des eaux de la Durance a été pour Marseille un travail gigantesque. A quelque distance, sur la ligne de Rognac à Aix, il a fallu passer la vallée de Roquefavour ; pour

cela élever un pont-aqueduc qui joint
deux collines et transporte l'eau de
sommet à sommet, à plus de quatre-
vingts mètres du niveau du sol.

L'aqueduc de Roquefavour mesure
400 mètres de longueur, sa hauteur
est de 82 mètres 65 centimètres. Il
comprend trois étages d'arches superposées. La première galerie renferme
douze arches; la seconde en compte
quinze, et la troisième cinquante-trois.
Le canal, ménagé au faîte, roule six
mètres cubes d'eau à la seconde.

Depuis la canalisation de la Durance, Marseille est abondamment
pourvue d'eau potable de bonne
qualité; ce fut pour la ville une
grande conquête de l'hygiène sur les
eaux croupies des citernes, et pour la
santé publique une sécurité dans les
temps d'épidémie. Aujourd'hui, si
Méry, le poète marseillais, revenait

sur terre, il serait mal venu d'accuser
ses concitoyens de n'avoir pour se
désaltérer que des fontaines hydro-
phobes.

VII

LES ÉGLISES

L'architecture profane seule ne s'est pas épanouie à Marseille, l'architecture religieuse y montre aussi ses chefs-d'œuvres. Voyons donc rapidement quelles ont été ses aspirations et ce qu'a produit cet art chrétien, dont le noble but consiste à parler de Dieu aux hommes et à rapprocher des fidèles le trône et la majesté du Créateur.

On rencontre à Marseille quelques églises respectables par leur ancienneté dont l'architecture n'est pas sans mérite et, à côté, un plus grand nom-

bre d'édifices modernes qui font honneur au talent de ceux qui les ont
élevés.

Saint-Vincent-de-Paul, en particulier, une merveille d'élégance gothi-
que, remplace, à l'extrémité des allées
de Meilhan, une église occupée autrefois par les Augustins réformés.

Saint-Lazare et la Madeleine, dite
aussi les Chartreux, évoquent des
souvenirs chers aux Autunois. C'est, en
effet, pour recevoir les restes de l'ami
de Jésus apportés à Autun au dixième
siècle, qu'en 1119 le duc de Bourgogne Hugues II entreprit de construire
la basilique consacrée en 1132 par le
pape Innocent II, qui devait remplacer
le vieux Saint-Nazaire et devenir la
cathédrale de l'Église d'Autun. Par
suite de ce pieux transfert, nos ancêtres se trouvaient appelés à rendre
aux reliques de saint Lazare, le tribut

d'hommages que la Provence ne pouvait plus leur payer.

Les vocables des deux églises attestent que le culte de ces augustes saints n'avait point disparu du pays qui était devenu, dit-on, leur seconde patrie. Cependant, en 1856, lorsque Mgr de Marguerye restaura le culte solennel de saint Lazare dans sa cathédrale, Marseille ne possédait aucune relique de son premier évêque. A cette époque, les reliques éduennes, profanées et mélangées pendant la Révolution, furent reconnues avec soin; des châsses neuves en bronze doré reçurent les restes précieux pour les conduire avec pompe, au milieu de la vénération publique, le long des rues de notre vieille cité. Après avoir sanctionné de son autorité épiscopale la reconnaissance des reliques, le prélat n'eut garde d'oublier la contrée que

Lazare avait évangélisée ; avant de
fermer les châsses, le digne évêque
fit la part des Marseillais. Deux chanoines de son chapitre cathédral reçurent mission de porter à Marseille un
bras entier de l'hôte de Jésus-Christ ;
lorsque les messagers autunois mirent
pied à terre, un enthousiasme tout
méridional les accueillit, et ce fut la
voix du canon qui salua leur arrivée
dans la colonie phocéenne.

Les chanoines éduens ont gardé un
ineffaçable souvenir de leur mission,
faisant remonter les honneurs qu'ils
ont reçus jusqu'à l'auguste pontife
que la brutalité des Juifs avait livré,
dit-on, à la fureur des flots, mais que
le doigt de Dieu avait conduit à Marseille pour conquérir un royaume à
l'évangile. Deux ans plus tard, l'un
des messagers, M. Devoucoux, quit-
tait Autun pour l'évêché d'Evreux ;

quant à son compagnon, M. Miller,
jusqu'au terme de sa vie il aimait à
redire la joie qu'il avait ressentie en
voyant Marseille escorter triomphale-
ment l'insigne relique de saint Lazare,
qu'il était venu lui restituer au nom
de l'Église d'Autun.

—✦—

LA MAJOR

La nouvelle cathédrale de Marseille
sera d'ici peu un des plus beaux édifices religieux du midi de la France. Ce
monument, aux proportions grandioses, s'élève sur un terre-plein qui longe
la Joliette et dont le niveau domine de
9 mètres le sol du quai. Cette dispo-
sition donne à l'édifice un site admi-

rable, elle permet de l'apercevoir
dans son ensemble, à une très grande
distance en mer, et cela avec d'autant
plus d'avantage qu'il se présente laté-
ralement. La basilique est destinée à
remplacer la vieille église de la Major
autrefois dédiée à sainte Marie Ma-
jeure et, selon la tradition locale,
bâtie sur les ruines d'un temple de
Baal.

Cette ancienne église a disparu
pour faire place au nouvel édifice ; il
n'en reste aujourd'hui que l'abside et
la tour du onzième siècle. On y rencontre un autel dédié à saint Lazare
et richement sculpté. Une légende
populaire locale rapporte, en effet, que
Lazare, avec Marthe et Marie, ses
sœurs, aurait résidé sur ce même
emplacement, lorsqu'il aborda la colonie phocéenne où, d'après la même
tradition, il devait prêcher l'évangile

et sacrifier sa vie pour rendre témoignage à celui qui l'avait ressuscité dans le caveau de Béthanie.

Le plan de la cathédrale représente une croix latine surmontée d'un dôme central et de quatre autres dômes symétriques moins importants, placés sur chaque bras de la croix. La façade d'entrée comprend le grand porche sous lequel s'ouvre la porte principale, et deux tours monumentales dont le pied renferme les portes secondaires et dont le sommet servira de campanile. La nef mesure 16 mètres entre les bas-côtés; elle se compose de trois grandes travées renfermant chacune trois arcades qui supportent les tribunes. La hauteur, sous la clef de voûte, monte à 25 mètres; la longueur totale de l'église est de 140 mètres, le sommet du dôme s'élève à 60 mètres au-dessus du parvis. Ces dimensions colossales se rapprochent de Notre-Dame de Paris.

Le vaisseau comprend, outre le chœur, deux chapelles latérales et, au fond de l'abside, derrière le maitre autel, la chapelle de la Sainte-Vierge au-dessous de laquelle règne une crypte destinée à la sépulture des évêques de Marseille. Enfin six autres chapelles bordent les bas-côtés de l'abside.

A l'extérieur l'église est construite de pierres alternées de couleur vert-clair et noire, comme les mosquées d'Orient; à l'intérieur le même aspect se reproduit, mais il est dû aux assises superposées de marbre rouge et de marbre blanc. Ce mélange aide puissamment à la décoration sans nuire à l'élégance des lignes. Les murs paraissent moins tristes, on les dirait tendus d'immenses tapisseries aux vives cou-

leurs qui semblent émerger de la mosaïque du pavé, et dont les damiers
conduisent l'œil par de gracieux éche-
lons, jusqu'aux vitraux qui tamisent la
lumière, jusqu'aux admirables peintures allégoriques qui décorent inté-
rieurement les parois du dôme central.

Cette décoration luxuriante con-
traste avec la monotonie de la pierre
raboteuse à laquelle nous ont habitués
les églises de Bourgogne. Dans notre
pays, la pureté du style, l'harmonie
des lignes donnent aux édifices religieux toute leur valeur architecturale.
Arcs brisés, ogives, frises en dentelle
de pierre habilement fouillée, n'ont
pour dessiner leurs contours qu'un
fond mat tour à tour gris ou teinté de
jaune, selon les carrières du voisinage
qui ont fourni les matériaux. C'est une
défaveur naturelle que le ciseau le

plus expert demeure impuissant à compenser.

Toute différente se montre à nous la Major de Marseille. Là le calcaire fin remplace avantageusement les grès rugueux et maussades ; non contente de fournir une ligne irréprochable, la pierre se prête au polissage avec docilité et, sous le brunissoir, elle revêt un lustre brillant qui chatoie le regard en miroitant sous les rayons du soleil. L'ampleur si nécessaire au plein cintre pour jouer le grandiose rencontre donc dans les carrières privilégiées de la Provence des auxiliaires heureux pour se développer. Cette église romane, simple dans son style, sans frises ornementales, sans décors sculptés, resplendit cependant au milieu d'une majesté sereine, sans se parer d'autres atours que ceux que lui fournissent naturellement ses bandes alter-

nées de marbre rouge et de calcaire
blanc. Mais sous le soleil du Midi la
lumière est plus vive, les tons chauds
s'égaient d'eux-mêmes et prêtent une
coquette harmonie à l'immensité des
colonnes, des arcs et des murs dont
ils tempèrent la nudité. Entre les
fresques de la coupole et la mosaïque
du pavé il fallait un trait d'union, de
même qu'aux tapis éclatants il faut
une bordure sobre qui mette en relief
le sujet du milieu. Là comme un
intermédiaire autorisé, le damier blanc
et rouge court sur les piliers de la
Major, s'incruste dans les cintres et
porte jusqu'aux recoins les plus éloi-
gnés sa tenture aux couleurs orien-
tales. Il semble que cette immense dra-
perie se soit plu à attacher ses joyaux
à la voûte de l'abside et à rejeter, en
les étalant sur les murs de l'église,
les plis ondulés de son royal manteau.

L'architecte de la cathédrale de Marseille a fait grand en s'inspirant du style bysantin rehaussé des couleurs éclatantes chères aux Orientaux; l'édifice né de son talent rappellera Saint-Marc de Venise et Sainte-Sophie de Constantinople.

Sur l'invitation de Mgr de Mazenod, le 26 septembre 1852, le prince Louis-Napoléon posa la première pierre et rendit, le même jour, un décret accordant un crédit de 2,500,000 francs pour la reconstruction de la Major. Depuis, les subventions de l'Etat, de la ville et du département ont apporté leurs tributs; les travaux touchent à leur fin et d'ici peu l'évêque de Marseille pourra prendre possession de sa cathédrale et inaugurer solennellement la nouvelle basilique. Le siège de sa juridiction, transporté provisoirement à Saint Cannat, retrouvera un asile digne de son passé, digne surtout de celui qu'on regarde comme son illustre fondateur.

VIII

NOTRE-DAME-DE-LA-GARDE

Malgré la munificence qui a présidé à la construction de la Major, la prédilection de la piété marseillaise paraît acquise à Notre-Dame-de-la-Garde. Cette église s'élève au sommet d'une haute montagne qui se dresse brusquement presque au sortir des eaux de la mer et domine la ville; même on peut dire qu'elle fait partie de la cité qui l'entoure, car les rues serpentent jusqu'au pied du perron. Les maisons finissent où commence l'escalier gigantesque qui donne accès à la plate-forme supérieure; l'église sert de couronnement. Une statue de

la Vierge tenant près d'elle l'enfant
Jésus termine le clocher et regarde
le port, comme pour le couvrir de sa
protection. De là lui vient le nom de
Notre-Dame-de-la-Garde qui atteste
la confiance et la piété des habitants
qui ont construit la chapelle.

« La montagne sur laquelle s'élève
le sanctuaire vénéré, dit M. Vincent
Grand, l'auteur de *Marseille-Guide*, fut
de tout temps, à cause de sa situation
exceptionnelle, la vigie du port de
Marseille. Elle ne devint lieu de pèle-
rinage que vers le douzième siècle,
lorsque Guillaume, alors abbé de Saint-
Victor, fit bâtir à un pieux cénobite
nommé Pierre, un ermitage et une
chapelle qu'il dédia à la sainte Vierge,
protectrice des marins, et ces derniers
ont continué depuis ce temps à se
placer sous son bienfaisant patronage.

» En 1525, vigie et chapelle furent

enfermées dans le fort que le roi
François Ier fit construire, et dont le
gouvernement fut confié à un officier
des armées du roi.

» La chapelle n'en attirait pas moins
de nombreux pèlerins et, de nos jours,
l'affluence devint telle qu'il fallut songer à agrandir les lieux consacrés.
Une commission prit l'initiative de la
reconstruction du sanctuaire, au moyen
d'une souscription et d'une loterie.
Des sommes considérables furent
recueillies, et M. H. Espérandieu fut
chargé de construire un temple à la
gloire de celle que l'Eglise appelle
« Consolatrice des affligés. »

» La nouvelle chapelle, dont la première pierre fut posée le 11 septembre 1853, s'élève sur une hauteur de
150 mètres au-dessus du niveau de la
mer. Elle est construite en style roman
bysantin et précédée d'un grand per-

ron partant de la base du fort Saint-Nicolas et s'élevant jusqu'au portail sur lequel est assis le clocher qui s'élève à 45 mètres au-dessus du sol.

» La tour quadrangulaire est surmontée d'une statue colossale de la Vierge due à M. Lequesne et dorée à la galvanoplastie ; sa hauteur est de 9 mètres, son poids de 4,500 kilogrammes. Un escalier en fonte, ménagé à travers les armatures qui consolident cet ouvrage, permet de monter jusque dans la tête de la statue.

» Dans le clocher on a placé la « Marie-Joséphine, » le bourdon qui sonne à l'occasion des solennités religieuses et municipales. Cette cloche mesure deux mètres quarante de diamètre sur deux mètres cinquante de hauteur ; son poids est de 8,234 kilogrammes.

» L'intérieur de l'église est d'une

grande magnificence; les revêtements
sont en marbre blanc de Carrare; les
soubassements tranchent par leur couleur rouge du marbre du Var. Le
transept, disposé en tribune dans sa
partie inférieure, est soutenu par
d'élégantes colonnes de marbre et de
porphyre. Deux grandes fenêtres géminées, que surmonte une rosace éblouis-
sante, éclairent sa partie supérieure;
des colonnes de marbre des Alpes
supportent les arcs de ces fenêtres et
ceux des nefs. L'abside, dominée par
une coupole de quinze mètres de hauteur, est terminée par une chapelle
en hémicycle.

» Dans la crypte, on remarque un
autel construit d'un seul bloc de pierre
de Golfalina, très belle pierre de Flo-
rence, et la mosaïque du pavage.
L'extérieur présente un agréable ar-
rangement de pierres bigarrées obte-

nues par le mélange des pierres de
Calissanne et de Golfalina.

» Le culte des Marseillais pour la
« Bonne Mère » est des plus vivaces et
des plus constants. Les murs du sanctuaire sont littéralement chargés d'ex-
voto ,et le trésor de la chapelle s'en-
richit chaque année de dons pieux.

» L'église de Notre-Dame-de-la-
Garde est desservie par les RR. PP.
Oblats; elle renferme la statue de la
sainte Vierge qui, depuis 1720, est
solennellement descendue le jour de
la Fête-Dieu et exposée à la vénération
des fidèles à l'hôtel de ville.

» La consécration de la nouvelle
chapelle fut faite le 5 juin 1864, par
Mgr O'Cruice, évêque de Marseille, en
présence d'un légat du pape, d'un
grand nombre d'archevêques, d'évêques et d'une foule de pèlerins venus
de tous les pays du monde. Jamais

manifestation religieuse ne fut plus grande, plus solennelle.

» On se rend à la colline sainte par un large chemin frayé autour de ses flancs, et qui permet d'arriver en voiture au pied même du perron; les piétons peuvent passer par le sentier frayé sur le versant sud-ouest; si l'ascension est pénible, en revanche ceux qui la tentent jouissent de la vue de la mer, des îles, de la rade, qui forment un ensemble des plus imposants et des plus majestueux. »

C'est, en effet, sur la terrasse du clocher, à 265 mètres au-dessus de la mer, presque la hauteur de la tour Eiffel, que le visiteur doit monter s'il veut contempler dans toute sa beauté le panorama de Marseille.

A droite les montagnes de calcaire blanc étalent leurs flancs dénudés;

leur crête de nacre accuse les bords
de l'immense coquille sur laquelle
Marseille étage ses maisons et aligne
ses rues. Çà et là les platanes émer-
gent des toits, leur verdure dessine
les promenades publiques ou indique
les riches villas des particuliers. Ici,
le Prado part de la mer, oblique à
angle droit au milieu de sa course
pour aboutir à la place Castellane et
à l'obélisque qui la décore. En suivant
la ligne droite, la rue de Rome, le
cours Belzunce et l'arc de Triomphe
sur la place d'Aix. Plus haut un nuage
de fumée se traîne nonchalamment
sur le versant de la montagne, c'est
le tunnel qui ouvre aux convois du
P.-L.-M. l'accès de Marseille et l'entrée de l'embarcadère. En deçà les
allées de Meilhan et le boulevard de
Longchamp qui grimpe jusqu'au château d'eau. De distance en distance,

une église se signale par une coupole
ou lance dans les airs les aiguilles
géminées de ses flèches gothiques.

Au centre et en face, la remuante
Cannebière roule sur les escaliers de
la Bourse ou verse sur les quais le
flot des affairés ; tout autour du vieux
port, la forêt des mâts entremêlés des
voiliers et la fumée des yachts de promenade qui font le service de la ban-
lieue le long de la côte. Au dessus,
les nouveaux bassins de la Joliette
abrités par la jetée contre la houle ou
les débordements de la haute mer.
C'est là qu'appareillent sous nos yeux
les grands vapeurs. Ces minuscules
bateaux que la hauteur rapetisse,
qu'on prendrait volontiers pour les
mouches qui sillonnent le Rhône et la
Seine dans la traversée de Lyon ou
de Paris, ne sont rien moins cependant que les paquebots de grand ton-

nage qui composent la flotte des Messageries maritimes et de la Compagnie Transatlantique. Ce sont les rapides d'Alger, de Tunis et d'Oran; ce sont aussi les steamers qui visitent l'Australie, la Chine et les Indes.

A gauche, à vos pieds, les vagues de la Méditerranée viennent mourir sur la berge et déposer leur écume au mur de la corniche; elles mugissent depuis le Pharo jusqu'au delà des bains du Roucas-Blanc. Au loin, les îles du Frioul et le château d'If s'étalent comme des forts avancés qui limiteraient les eaux françaises; mais cet aspect est trompeur. Les îles offrent un refuge tempéré aux vaisseaux contaminés par les fièvres exotiques ou les maladies contagieuses, et les passagers soumis à la quarantaine trouvent un asile hospitalier aménagé avec sollicitude aux Lazarets du Frioul. Quant au château d'If, il ne reste de la Bastille en miniature que la légende des malheurs de Faria et des infortunes de Dantès popularisée par le roman de *Monte-Christo*.

Puis au large, la mer! la haute mer! ou si vous préférez :

Des flots contre des flots, des flots contre des vagues,
Et des vagues encore, et des vagues sans fin !

En un mot : l'immensité mobile et glissante, jusqu'à l'horizon où s'embrassent, depuis leur création, le ciel pur et la mer bleue !

Rien ne saurait dépeindre le spectacle grandiose qui vous attache et vous rive au clocher. On regarde, on regarde encore, on se retourne vingt fois quand il faut s'en aller. Le coup d'œil est unique, il justifie pleinement l'admiration naturelle et l'engouement que professent les Marseillais pour leur vieille cité.

Quelles que soient, en effet, les merveilles que renferme Paris, — et elles sont nombreuses, — sur quelque aspect qu'on envisage la capitale, ni le mont Valérien, ni le donjon de Vincennes, ni la lanterne du Panthéon, ni les tours de Notre-Dame, ne vous montreront une ville de 400,000 âmes assise avec la majesté d'une reine sur une anse de la Méditerranée.

Elargissez la Seine ; que la pioche et la drague des ingénieurs hydrographes réalisent, sur un filet d'eau douce, le Paris port de mer dont on parle tant : quelques barques perdues se hasarderont peut-être à venir y mouiller ; mais les boulevards éclipseraient-ils la Cannebière ? Non ! Paris ne donnera jamais l'idée.... d'un petit Marseille !

IX

LES ADIEUX

Cependant Marseille n'est pas le but ultime de notre voyage; malgré le plaisir de s'y reposer aux rayons de son soleil et sous les caresses de sa brise, il faut rompre bientôt avec l'attachante hospitalité qu'elle nous donne. Voici la nécessité du devoir qui se dresse impérieuse devant nous. Du geste elle nous indique le fort Saint-Jean, c'est là que l'intendance militaire a cantonné ses bureaux. On s'y achemine en longeant le quai droit du vieux port.

A l'entrée du bassin des voiliers

qu'il surveille plus qu'il ne le com-
mande, le fort Saint-Jean étale ses
glacis, restes des constructions d'un
autre âge. Il avance son pied sous les
flots qui le baignent sans cesse ; les
plans des quatre façades assemblées
à angle droit, sa couronne de cré-
neaux ont conservé à l'antique donjon
l'aspect des anciens jours. Comme au
temps de sa splendeur, une sentinelle
garde la porte surbaissée ; le regard
cherche le pont-levis, mais il a dû
céder la place à un successeur plus
moderne : un pont tournant plus com-
mode, mais moins pittoresque à coup
sûr, répond aux exigences du va-et-
vient continuel, car c'est là que, nantis
de leurs feuilles de route, les soldats
vont chercher leurs subsides. Mon
lieutenant s'abouche avec le chef de
poste et disparaît ; nous l'attendons
sur le quai.

Tandis que les feux s'allument pour éclairer le port, dès la brume les barques de pêche se garnissent; le maitre de l'équipage y rassemble ses filets. Le billot plat qui lui sert à dépecer le poisson aussitôt après sa capture, prend place à l'avant de l'embarcation, attendant ses victimes. Les voiles latines s'enflent au vent, et maniées avec art elles entrainent en haute mer les intrépides pêcheurs. Vieux comme le monde, le départ pour la pêche semble cependant ne perdre jamais rien de sa nouveauté; les curieux toujours avides le contemplent chaque jour avec un nouvel attrait. Sur la berge on devise des dangers qu'il fait courir, de la volonté résolue nécessaire à qui veut l'affronter. Une nacelle s'agite-t-elle en dénouant ses amarres? aussitôt un soupir de crainte et un souhait de bonheur montent aux lèvres

pour l'accompagner. Et cependant ses
hôtes s'en vont pleins d'ardeur; quand
ils rentrent, si la prise a réussi, tout
ce monde est radieux.

Depuis un instant déjà, nous regar-
dions les barques sillonner la mer,
aussi frêles, aussi ballottées qu'une
coquille sur un cours d'eau, lorsque
mon lieutenant sort joyeux de l'intendance, et brandit avec satisfaction le
bulletin d'embarquement qu'on vient
de lui délivrer. Débarrassés de ce
souci, on ne pense plus qu'aux plai-
sirs de la soirée; puis, l'appétit aiguisé
par l'air vif de la mer, nous abordons
gaiement la table servie pour le souper
des adieux.

Le 2 novembre marquait le terme
de nos joies en amenant l'heure de la
séparation. Les préparatifs de départ
absorbent la matinée; à onze heures

6

et demie l'omnibus charge les bagages
et s'achemine vers le bassin de la
Joliette où stationnent les Transatlan-
tiques. Ces vapeurs sont chargés du
trajet rapide entre Marseille et la côte
africaine; chaque jour, à midi, ils
lèvent l'ancre pour Alger, trois fois
par semaine leurs compagnons démar-
rent pour Tunis, Philippeville et
Oran.

C'est alors que le mouvement de la
Joliette arrive à son comble. Les
wagons du P.-L.-M. glissent sur la
voie qui longe le quai dans toute sa
longueur; les débardeurs chargent les
uns et déchargent les autres. *L'Isaac-
Pereire*, arrivé la veille au soir, débarque les marchandises qui garnissent
ses flancs. Des pontons qui l'accostent
l'un se couvre de tonnes amenant sur
le marché français le vin d'Algérie.
Le treuil s'agite; sous l'action de la

vapeur, les cordes et les chaines remontent les denrées que renferme la cale. La grue mobile grince à son tour, oscille sur son pivot et dépose sur un autre ponton les cubes de foin et d'alfa comprimés à la presse hydraulique. Les étages de marchandises se superposent pour disparaître peu après et s'amonceler à l'abri des magasins généraux, jusqu'à ce qu'elles prennent la voie de terre pour parvenir à destination.

A côté, la *Ville-de-Barcelone* dépense son activité dans un but différent, mais le mouvement est plus accentué encore, car elle appareille pour Alger. De temps à autre un nuage de vapeur s'échappe de la cheminée, les chaudières sont en pression. Le treuil ramasse les malles et les colis, les descend à fond de cale sous l'œil du second qui inspecte leur embarquement. Les passagers arrivent à leur tour et se rendent aux cabines conduits par les hommes de service. En passant ils saluent le capitaine qui préside aux derniers préparatifs; le médecin du bord se tient auprès de lui attendant qu'on réclame ses services. Dans deux heures d'ici ce ne sera pas le moins occupé de l'équipage. On se coudoie; matelots et mousses travaillent à perdre haleine, l'heure du départ va bientôt sonner.

Nous franchissons d'un trait l'embarcadère et nous grimpons sur le vaisseau. Mon lieutenant dépose dans sa cabine sa valise et ses menus bagages, puis nous visitons de compagnie les détails de l'aménagement.

Sur le premier pont et sous la dunette, les salles à manger qui servent aussi de salon aux passagers de la première classe; un peu plus loin vers le milieu, mêmes appartements réservés à la deuxième classe. A l'étage inférieur les cabines garnies des lits étroits, éclairées par des sabords en œil-de-bœuf munis d'un épais carreau de verre.

Au milieu du navire, deux énormes pistons actionnent l'hélice; ce sont eux qui mettent en mouvement le propulseur. Ils occupent toute la profondeur du bâtiment. Plus avant, les cuisines avec leurs fourneaux et leurs accessoires.

Des commissionnaires déposent quatre corbeilles à claire voie semblables à des berceaux en osier, l'intérieur tapissé par un linge d'une irréprochable blancheur. A qui sont destinées ces couchettes? Mystère! mais la curiosité aidant, l'œil indiscret s'aperçoit promptement que chacune sert de lit à..... un veau dépecé le matin

même et destiné aux repas du person-
nel et des passagers.

A l'avant se rangent les voyageurs
de la dernière classe ; enfin à la proue,
les poulets, les pigeons, les lapins,
dont le voyage ne comporte pas un
aussi long cours que celui des autres
passagers. Ces embarqués secondaires
ne sont point destinés à atterrir parés
de leurs plumes ou munis de leurs
poils ; plus sûrement ils sont appelés
à engraisser de leurs os décharnés le
sol de notre colonie d'Afrique.

Pendant que nous visitons en curieux les coins et recoins du bâtiment,
la cloche du bord sonne le premier
coup du départ. Nous échangeons la
promesse de nous revoir bientôt ;
viennent ensuite nos souhaits récipro-
ques ; c'est le moment de se séparer !
Sans nous perdre de vue, je regagne
le ponton de l'embarcadère, mon lieu-

tenant monte sur la dunette. Les
amis se retirent, seuls les passagers
restent à bord ; pour partir on n'attend
plus que la poste.

Mais voici une procession d'un nou-
veau genre : un portefaix se courbe
sous le poids d'un grand sac de toile
verte bordé de cuir, scellé à l'encol-
lure sur la corde qui ferme l'orifice,
semblable à ceux qu'on promène sur
des brouettes dans les gares de chemins de fer pour le service des dépêches. L'homme grimpe péniblement
l'escalier accroché au flanc du vaisseau et va déposer son fardeau dans
une chambre de l'entrepont que lui
indique le capitaine. Un deuxième
portefaix le suit dans la même attitude ;
puis un troisième, puis un quatrième
chargé du même fardeau. Vingt-neuf
défilent ainsi à la queue leu-leu, et
quelques minutes après, quatre nou-

veaux sacs font leur entrée sur les
épaules de commissionnaires qui n'en
peuvent mais : en tout trente-trois
sacs de dépêches qu'on doit débarquer
à Alger! C'est la poste qu'on atten-
dait.

Cette fois, le sifflet strident se fait
entendre, on délie les amarres ; sur
un signe du capitaine, la mer fouet-
tée par l'hélice bouillonne à l'arrière
du paquebot. Le vapeur s'ébranle, et
doucement il s'avance sur la nappe
liquide. Les hommes soulèvent leurs
chapeaux, les dames agitent leurs
mouchoirs. Enfin le bâtiment va disparaître en obliquant derrière l'entrée
du port et gagner le large; il est déjà
loin que du ponton à la dunette les
regards se croisent toujours. Mon
lieutenant coiffe son sabre de son
képi, l'élève et le descend pour m'en-
voyer un dernier adieu. J'arbore mon

chapeau au sommet de mon parapluie
et je répète la manœuvre, invoquant
en silence « l'Etoile de la mer » qui
protège le matelot, disant du fond du
cœur : A la garde de Dieu !

X

APRÈS LE DÉPART

A une heure *la Ville-de-Barcelone* a disparu derrière les îles du Frioul, il ne faut plus songer à la suivre des yeux. Mais le temps est beau, la mer est calme ; trente heures entre le ciel et l'eau, juste le temps d'admirer le spectacle, et l'on débarque à Alger. Il n'y a vraiment qu'à se féliciter des découvertes scientifiques que notre siècle excèle à transporter en un clin d'œil dans le domaine des applications usuelles. Décidément l'industrie moderne est une fée : ses chemins de fer rapprochent les distances ; sitôt que la terre manque, l'océan offre son dos voûté au sillage de ses vaisseaux. Notre ami fait voile pour l'Afrique, revoyons nous-même les curiosités de Marseille et profitons gaiement de ses distractions, pendant notre séjour dans la colonie des Phocéens.

Voici la cathédrale. Oh! qu'il est fatigant le bruit des sculpteurs et des maçons qui travaillent à la crypte! Qu'elle est maussade cette église avec la palissade qui l'enserre comme une vieille cuirasse rongée par la rouille! On lui retrouve en cherchant des airs de grande dame, c'est vrai; mais on dirait une matrone en négligé du matin. Qu'elle fasse donc sa toilette! qu'elle se pare de ses atours pour se montrer au public! Un temple sans autels, des chapelles vides, rien de tout cela n'indique une église. La nef est vaste et sonore, les dômes élo-

vés et majestueux, oui assurément;
nous en jugerons mieux plus tard
après son ouverture et sa consécration, aujourd'hui c'est encore une
halle sans vie.

Quelle incalculable longueur de
filets sèchent au soleil, et tapissent
les murs du terre-plein où trône la
Major! mais est-elle fade et écœurante
l'odeur de varechs qui s'en exhale!

On dit le port mouvementé? il n'y
parait guère. C'est peut-être l'heure
du diner des matelots. — Pouah!
quelle odeur à donner le choléra! —
On admire la forêt des voiliers qui
garnissent le pourtour; oh! elle n'est
pas bien dense la futaie! et admettons
que ces coquilles soient de petites
barques à trois mâts? c'est assez pour
leur orgueil!

« Per Baccho! » que ces Italiens
sont sales! leur peau brune s'appa-

reille avec leurs chapeaux pointus ;
hommes et effets semblent de même
couleur !

Voici des Grecs. Si on se passait la
fantaisie d'épousseter les calottes
rouges, les vestes noires et les panta-
lons bouffants ? Mais non, leur cos-
tume perdrait toute sa couleur locale ;
sourions plutôt aux sujets du roi
Georges, ce sont des amis de la
France.

Des Chinois déguisés à la française !
Ces fils du Ciel passeraient presque
pour avoir pillé les magasins de con-
fection du *Coin de Rue* ou ceux du
Pauvre Diable. Leur teint jaune crie
à côté des cravates de soie bleue et
jure en émergeant des cols de velours
gris clair de leurs pardessus.

Des nègres huppés singent les gom-
meux. Malgré leurs cheveux crépus,
ils s'affublent des dernières modes

importées des boulevards de Paris ;
mais sont-ils amusants avec leurs
faux-cols blancs, les gibus de satin et
leurs souliers vernis !

La Cannebière? Oui, il y a du monde,
mais il encombre les trottoirs ; il y en
a juste assez pour gêner la circulation. Au fait, c'est à peine l'aspect
des rues commerçantes de Lyon, au
petit pied un boulevard extérieur de
Paris.

La Bourse? Les gens de négoce
refluent sous le péristyle et garnissent
les escaliers ; mais à travers les grilles
d'enceinte ils rappellent machinale-
ment les vautours enchaînés dans les
cages du Jardin des Plantes ! Pas-
sons.

Les allées de Meilhan sont-elles
sombres? le boulevard de Longchamp
est-il étroit? Et ce palais-château-
d'eau lui-même est-il assez mesquin

quand on connait le Trocadéro? La cascade n'est pas de trop pour l'animer un peu!

Est-il possible de rêver ligne droite plus monotone que les deux branches en équerre de cet interminable Prado? Est-il assez morne avec ses maisons invisibles enfouies au milieu des jardins? on n'y voit que des grilles!

Dieu, quelle métamorphose! Autant tout cela me semblait gai ce matin même, autant ce soir il m'accable sous une invincible tristesse. Cependant, le soleil est radieux, c'est donc moi qui suis morose?

Hier nous ne nous lassions pas d'admirer ses feux qui allumaient les vagues elles-mêmes le long de la Corniche; puis en face de la crique des Catalans, mon lieutenant.....

Oui, mais il est parti mon lieutenant! Enfin il faut me l'avouer à moi-même : en s'embarquant il a tout emporté. Marseille pétillait quand nous le parcourions ensemble; seul maintenant, il me manque quelque chose que Marseille lui-même ne peut plus me donner.

Adieu donc joie, gaieté, plaisir! En partant le spahis a tout mis dans son sac à malices! Sans nul doute, il croit, avec ses provisions de route, triompher des nausées dont va le gratifier un mélange bien senti de roulis et de tangage? mais la mer me vengera. Singulier procédé, que de passer aux autres le mal du pays pour se prémunir soi-même du mal de mer! Il y a là certainement une pointe d'égoïsme inconnue des anciens et fréquente dans nos sociétés blasées du dix-neuvième siècle. C'est un fait à signaler aux casuistes diplômés, car les moralistes le constatent avec raison : de

nos jours la jeunesse devient fonciè-
rement personnelle et frivole, elle ne
raisonne plus.

Mille sabords! mais c'est moi qui
déraisonne! et mon pauvre esprit vol-
tige sur les eaux. Que faire alors?
Rentrons à l'hôtel, bouclons notre
valise à la hâte; au besoin dinons par
cœur. En route! que le premier train
qui parte nous emporte! le plus rapide
sera le meilleur!

7

www.ingramcontent.com/pod-product-compliance
Lightning Source LLC
Chambersburg PA
CBHW052136090426
42741CB00009B/2105